諷 詩 調 · 19

동굴일지 · Ⅲ

박진환 제37시집

지성 · 감성의 메타언어
조선문학시인선 · 319

諷 詩 調 · 19

동굴일지 · Ⅲ

조선문학사

위트와 편의 시학

상반 상충의 양극성의 것을 재치 있게 반전 및 역전시킨다거나 이동 내지 전환시켜 상충의 요소들을 합일시켜줌으로써 맛보게 하는 시적 감동으로서의 위트의 역할도 컨시트와 다를 바 없다. 몇 편의 시를 제시해 본다.

동굴일지 · 331

이봐 글쟁이, 이 세상에서 뭐가 제일 무서울 줄 아나?
글쎄 권력? 핵? 돈? 뭐 그런거
틀렸어, 그러니 글쟁이 말 듣지, 잉크에 타 쓰는 물인게야

동굴일지 · 416

부정의 범법자 무리를 깃털이다 몸통이다 해쌌던데
새에 견주는 게 이해가 안 돼 궁금했었어
헌데 이유가 있더라고, 갇힌 새를 鳥囚라 하거든

동굴일지 · 417

정가의 기지개에 어둠의 두께가 다소 얇아진 것 같은 예감
헌데 침신이건 질명이건 새벽이 오려면 장닭이 울어야 하는건데
글쎄, 장닭이 있던가

* 침신(侵晨) : 이른 새벽을 뜻함.

예시 「동굴일지 · 331」에서 '이 세상에서 뭐가 제일 무서울 줄 아나?'라고 설의해 놓고 '권력? 핵? 돈? 뭐 그런거'라고 대답보다는 설의를 더 강조함으로써 의문과 긴장을 고조시켰다가 제기된 의문과는 전혀 다른 '잉크에 타 쓰는 물인게야'라고 의외의 답으로 의문을 이동 내지 전환내지 반전시켜버리는 위트의 역할도 컨시트와 동궤의 것이다. 예시「동굴일지 · 416」에서의 정작 밝혀져야 할 원흉의 머리는 감추어져 있고, 그 하수인 격인 '깃털', '몸통'만 드러나고 있는 부정의 머리통에 대한 궁금증이 세상의 이목을 끌고 있다. 이러한 궁금증을 왜 새에 견주어 '깃털' '몸통'하는가로 이동시켰다가 그 해답을 엉뚱한 '헌데 이유가 있더라고, 갇힌 새를 鳥囚라 하거든'이라고 미루어 짐작하게 하는 기지를 발휘하고 있는데 이는 위트의 역할을 보여준 것이 된다.

끝으로 「동굴일지 · 417」의 정치 현실 풍자는 현금의 정치적 실상을 발상으로 하여 정작 말하고 싶은 것은 뒤에 감췄다가 극적으로 드러내는 순발력에 의존하고 있다. 선거철을 맞아 선심 공약들은 구시대의 어둠을 거두어 갈 수 있을 것이란 예감을 들게 한다. 이를 어둠이 걷히기 위해서는 새

벽이 외야 하고 새벽이 열리려면 장닭이 울어야 한다는 자연의 이치에 결부시킨다. 헌데 여 · 야를 막론하고 새벽을 열고자 하나 정작 정당을 대표하는 견인차들은 고스란히 여성 몫이다. 그래서 장닭 울음은 불가능하게 되고 불가능하니 새벽이 오겠느냐는 비틀어 꼬집는 비아냥이 동원되고 있는데 이 또한 순간에서 발상을 전환시키는 위트의 역할로서의 컨시트의 작용으로 보아줄 수 있게 한다.

또 한 가지 간과할 수 없는 것이 PUN의 역할이다. 고도한 상상력으로서의 연상이나 순발력으로서의 위트가 상보적 호소력으로 작용하지 않고서는 이끌어 낼 수 없는 언술로서의 언어유희가 펀이다. 그렇기는 하나 고도한 상상력으로서의 연상과 순발력으로서의 위트가 상보적으로 작용했을 때만이 이끌어 낼 수 있는 언술이라는 점에서 언어유희의 한계를 넘어서는 컨시트에 값하는 시적 기능내지는 효용과 함께 시법 차원의 역할을 담당한다고 할 수 있다.

특히 펀의 구사가 맛보게 하는 기발성으로서의 감동과 순발력이 체험하게 하는 위트의 경쾌하고도 신선한 충격은 유희가 아닌 번뜩이는 광체에 값하는 시적 효용으로 작용하는 것으로 보아줄 수 있는 것이 펀의 시적 작용이다.

동굴일지 · 500

추적추적 가을비 雨雨雨 몰려와 非非非 적시면
혹여 씻어 헹궈낼 수 있을까 憂憂憂
씻고 헹궈 비비비 꼬인 가슴의 동앗줄도 풀어낼 수 있을까

동굴일지 · 327

새새새 물소리 정권 누수 재촉하고
새새새 만세 새누리 만만세는 좋네마는
어쩌나, 지가 무슨 새라고 제 이름 찾아 飛鳥이라도 날아들면

동굴일지 · 206

특검이다, 청문회다, 민간인 불법사찰 놓고 여야 입씨름 한창이던데
정부 여야 검찰 못 믿어 국민들이 바꿔야 돼
4, 11 바꿔봐 114 되지, "여보시오 머리통 전화가 몇 번이오"

예시 「동굴일지 · 500」은 우우우 몰려오는 가을비를 '雨雨雨', '非非非'로 같은 소릿값으로 전성 내지 동음이자로 이동시켜 펀을 구사하고, 여기에다 비 雨자가 아닌 근심 憂자로 다시 이동 시켜 동음이의 내지 동음이자로 펀의 역할을 가속화시키고 있다. 그러다 종래에는 가을비로 씻고 헹궈 비비비 꼬인채 가슴을 칭칭 동여맨 동앗줄도 풀어낼 수 있을까라고 설의하고 있다. 문제는 예시에서의 펀이 단순한 전성어나 동음이의나 이자 등만이 아닌 이런 언술을 빌어 풀어내고 싶은 가슴에 맺힌 근심까지에 연계시켜 단순한 언어유희의 한계를 극복하고자 함을 보여주고 있다는 점에서 PUN의 역할을 시법 차원의 의미로 연계할 수 있게 한다는 점이다.

예시 「동굴일지 · 327」은 물이 빠져나가면서 내는 물소리를 '새새새'로 제시하고는 다시 정권 말기의 누수현상으로 연계시켜 소리값을 정치 현상으로 이동시킨다. 그리고는 다

시 '새새새' 소리값을 '만세 새누리 만만세'라고 만세 소리로 전성시켰다가 종국에는 '어쩌나, 지가 무슨 새라고 제 이름 찾아 飛鯷이라도 날아들면' 어쩌나로 정치 현실로 연계시켜 단순한 소리값을 통한 언어유희가 아닌 정권 현상과 정치 현상을 비꼬고 비아냥하게 하는 풍자의 역할까지로 확대시키고 있다. 이 역시 펀의 기발한 언술의 산물이라는 점에서 컨시트에 값한다는 것을 증명해준 셈이다.

끝으로 「동굴일지 · 206」도 앞의 시와 같은 맥락성을 잇대이고 있다. 청와대와 총리실에서 저지른 민간인 불법사찰을 놓고 여 · 야의 공방전이 한창이다. 그러나 깃털과 몸통은 드러났는데 윗선인 머리통이 드러날 기미를 보이지 않고 있어 여 · 야 입씨름은 물론이고 지켜보는 국민들의 궁금증과 의문이 뒤섞여 답답함을 금치 못하게 하고 있다.

이 점에서 착상, 입씨름은 입씨름으로 끝낸다는 발상을 이동 4,11 총선일을 거꾸로 되돌려 114로 전환해놓고 114가 전화번호 안내전화라는 점을 활용, "여보시오 머리통 전화가 몇 번이오"라고 묻게 함으로써 언어의 도착을 빌어 국민의 의중을 드러내는 시적 기지를 보여주고 있는데 이 또한 펀의 시적 역할이라는 점에서 컨시트로 보아주어야 한다고 본다.

이상 예시들에서 볼 수 있듯이 위트와 펀은 형이상 시법의 한 방법이기도 하지만 풍시조에서도 매우 중시하는 시법의 하나로 활용하고 있다.

2012년 初夏

박 진 환

박진환 제37시집 / 諷詩調 · 19

동굴일지 · III

차례

동굴일지 · 201

초록은 동색이라던데 여 · 야 민간인 사찰 놓고 희다 검다 해쌌다
적반하장이라 했던가, 도둑끼리 되레 높여 목청껏 떠들다니
목소리 큰놈 세상은 옛말, 지금은 큰소리칠수록 얼굴에 똥칠해

동굴일지 · 202

實權者 손엔 빼어든 칼자루가, 失權者 손엔 빈 칼집이 쥐어지지
칼은 피를 부르고 불러 역사는 붓 아닌 칼의 붉은 피로 씌어지지
씌어진 역사가 강자의 기록이 되는 소의가 이리하거든

동굴일지 · 203

잔병치레 많아 좋아하던 술 끊었더니 웬걸, 만병이 도진다
술기운 마취제 삼아 즐겼던 忘憂物, 그나마 멀리해야 하다니
酒猶兵이란 옛말, 지금은 酒猶病이 아닌지

* 망우물(忘憂物) : 시름을 잊게 하는 물건이란 뜻으로 쓰이는 술의 이칭.
* 주유병(酒猶兵) : 술은 무기와 같아서 경계치 않으면 몸을 상하게 한다는 뜻으로 쓰인 말.

동굴일지 · 204

요즘 주식이 술이라고?
자넨 건강해서 좋것네
난 약이 주식이거든

동굴일지 · 205

MB 침묵 지켜보며 언론들 개구 촉구하던데

할 말이 없어선가, 있어도 할 수 없어서인가

四大江 改構에 앞장선 것관달리 불법사찰 開口엔 뒷걸음질치기같아서

동굴일지 · 206

특검이다, 청문회다, 민간인 사찰 놓고 여야 입씨름 한창이던데

정부 · 여야 검찰 다 못 믿어, 국민들이 확 바뀌어야 돼

4.11도 바꿔봐 114지, "여보세요, 머리통 전화가 몇 번이오"

동굴일지 · 207

아무래도 깃털에 비해 몸통이, 몸통에 비해 머리통이 큰 모양이다
불법민간인 사찰, 불법 저질렀으니 벌은 따논 당상인데
워낙 머리통 커서 조롱의 鳥囚론 불가, 대신 紓囚형이 가할 듯

* 조수(紓囚) : 일종의 조어로서 거꾸로 매단다는 倒顯과 같은 뜻으로 죄인을 거꾸로 매단다는 말.

동굴일지 · 208

맡은 일 아름답게 끝내면 有終之美, 추하게 끝내면 有終之醜

王者無親이면 전자 王者有親이면 후자

無와 有 한 자의 차이가 역사의 페이지에 빛깔 달리 하거니

동굴일지 · 209

잘 한줄 알았더니 웬걸, 뒷이 그리 구려서야
돈이 유일한 제왕이라더니 겹제왕 탓이었나? 고약한 이 동취
혹여 물로 씻으면 닦아지려나, 비데란 게 있긴 있던데

동굴일지 · 210

잠룡들이 드디어 수면 위로 얼굴을 내밀었다
승천은 그 중 하나 하늘의 뜻 있어야
헌데 번번히 하늘의 뜻에 원망이 뒤따라서

동굴일지 · 211

나랏님은 하늘이 내신다던데, 濟世英主 좋지요
헌데 그 주변에서 풍기는 독한 동취에 민초들 코 막고 산지 오래
하나님도 맡아보셨나요? 숨 못 쉬면 죽잖아요

동굴일지 · 212

OECD 국 중 결핵 발병률 사망률 코리아가 최고
몸에는 결핵, 국토엔 원자핵 품고 있으니
헉헉 못 면하고 사는 삶들인데 핵핵 거려야 하다니

동굴일지 · 213

내 시가 점점 순해진다고? 거칠고 사나움이 가셨다는 뜻이거니
　　　철이 들어감이거나 자연의 순리를 좇아 모가 가셨음이다
이를 갈고 살아도 살기 힘든 세상에 순해지면 바보가 돼감이지

동굴일지 · 214

어디야? 뒤에서 고삐만 당겨도 잘못 들어선 길 제길로 들어서는 소

여기야? 앞에서 고삐를 끌어도 잘못 들어선 길 발 못 빼는 인간

어질고 순함이 소만 같아도 쥐소 같은 놈자 면할 텐데

동굴일지 • 215

피는 꽃 지는 꽃, 구경만으로도 눈에 피가 날 지경인데
눈물범벅 가려움증에 발광하는 비염 알레르기
꽃 좋아하는 것도 죄이던가, 꽃만 보면 지랄병 도지니

동굴일지 · 216

非朴에서 誹駁으로 삿대질 하다 팔 끊어내는 臂膊 안 당할지

그보다 反朴에서 反駁으로 끼리끼리 꼴사나운 斑駁이나 안될지

여 · 야의 중심 축 朴; 잘못 감겨 축 밖으로 逐들이나 안 될지

동굴일지 · 217

陳光誠을 소리값대로 하늘천에 빛광, 맑을청으로 읽으면 빛도빛다운 빛

헌데 이름과는 달리 빛을 볼 수 없는 눈 잃은 천광청

눈 잃어 세계는 볼 수 없지만 세계의 눈들 잃은 눈에서 빛을 보거니

동굴일지 · 218

저축은행 부실경영하다 퇴출된 것도 중죄 면키 어려운데
서민 예금 몰래 빼내 야반두주하다 잡힌 죄목은 무엇?
죄목이 뭘 필요해, 평생 종신형으로 산송장 만들면 되지

동굴일지 · 219

지성은 검투사다
지의 장검은 찬자만의 감정의 숲을 점령한다
점령한 숲은 지성의 경작으로 시의 열매를 풍요로 거둔다

동굴일지 · 220

정신, 좋긴 좋은 건데 못 차리고, 육신, 좋긴 좋은 건데 못 재우니
차려 좋은 것이 되게 하고, 재워 좋은 것이 되게 하면 짱인데
좋은 것을 아는 것과는 달리 좋은 것 되게 하는 법은 몰라서

동굴일지 · 221

장기 · 바둑내기는 물론 씨름판도 삼세판이여
삼천리금수강산 · 삼천만동포 · 기러기삼형제 · 삼박자
온통 삼자 판, 평창 동계올림픽 유치도 삼세판 그거여

동굴일지 · 222

견마지치 희수를 바라보는 세월에 머리는 흰데
정작 헹궈내지 못한 욕망의 때로 마음은 검기만 하니
날이불치란 옛분들 말씀에 얼굴만 붉히는구나

* 견마지치(犬馬之齒) : 개나 말처럼 보람 없이 헛되게 먹은 나이라는 뜻으로 자기의 나이를 낮추어 일컫는 말.
* 날이불치(涅而不緇) : 검게 물들여도 검게 되지 않는다는 뜻으로 어진 사람은 쉽사리 악에 물들지 아니함을 이르는 말.

동굴일지 · 223

처먹기만 하다가 똥구멍이 없었다면 배 터져 죽기
허긴 똥구멍 없이도 잘 처먹고 사는 놈 있지, 욕심이란 놈
걸신들려 평생을 처먹고도 배 터져 죽긴커녕 배탈도 안 나는 놈

동굴일지 · 224

신에 의해 인간은 창조됐느냐? 인간의 피조물이 신이냐?
그걸 아는 인간도 신도 없어
正體를 알 수 없는 것이 신이거든

동굴일지 · 225

신은 하늘에 계신다고? 천당의 주인이라고?
몰라도 한참을 모르시는 말씀, 신은 인간 안에 살고 있어
고로 인간이 존재했을 때 신 또한 존재할 수 있는거야

동굴일지 · 226

장맛비 물난리에 전 국토가 온통 물바다 직전인데
4대강 봇물 넘쳤다거나 터졌단 말은 한마디도 없어
물 단속을 잘한 건지, 입 단속을 잘한 건지

동굴일지 · 227

비만 오면 입버릇처럼 수원비 · 미국비 온다 했지
수원비는 원수 같은 비, 미국비는 친미를 거꾸로 미친 비
우수에 젖는다고? 있어야 젖지, 약에 쓸래도 없는 物神時代의 우수

동굴일지 · 228

영수회담엔 정답이 없어, 실력들이 부족한가봐

학생들 영수문제 만점짜리 다반사야

허긴 공식 없는 것이 정치이고, 공식이 없으니 정답도 없지

동굴일지 · 229

북녘은 먹기보다 굶기로 배를 채우는데
학생 급식 유상 · 무상 입씨름으로 배불리는 꼴이라니
먹고 사는 것으론 부족해서 한 술 더 뜬 밥그릇 싸움

동굴일지 · 230

정작 합의해야 할 거안들은 팽팽한 대립이고
적당히 봉합해야 할 소안들은 체면치레용으로 그럭저럭 합의
국민은 속여도 정치 구단인 여야끼린 속임수가 안 통하는 모양

동굴일지 · 231

지구촌 한켠은 물바다, 다른 한 켠은 불바다
음양의 조화냐? 물과 불의 재앙이냐? 말세의 징후냐?
하늘이 찍어준 세 의문부, 읽기 나름이지

동굴일지 · 232

한복 푸대접했다 몸매 망가진 S기업
양장만 S라인인줄 잘못 알았나봐
허긴 S와 S가 같은 S자 돌림의 동항렬이어서

동굴일지 · 233

찔러도 피 한방울 흘리지 않는 무통, 이는 정신이 죽어 있음이다
찌를수록 피를 흘리는 아픔, 이는 육신이 살아 있음이다
삶 속의 죽음과 죽음 속의 삶, 우리네 생과 사가 이러하거니

동굴일지 · 234

그리움보다 더 강한 磁性이 또 있을까
생각만 해도 코일로 감겨 자장하는 염병 아닌 戀病의 그리움
감전으로 아파하는 가슴 物神病 아니라니 행일지 불행일지

동굴일지 · 235

감시망 겸해 골목마다 CCTV 설치해놓고 좀도둑 잡으면 뭘해
정작 큰 도둑들은 CCTV 소굴 이루고 사는 걸
CCTV엔 안 찍히는 대형 비리의 대도 공직자들

동굴일지 · 236

모 구청 책 보내기 운동에 책값을 염두에 두고 한차를 보냈더니
웬 걸, 기부로 처리됐다며 기부문항의 부기를 읽어 보란다
부기를 배워본 적 없으니 기부건 부기건 왕 당할밖에

동굴일지 · 237

알 카포네, 알카에다, 알자지라는 악명 높은 알자 동항렬
우리에게도 알거지, 알건달, 알깍쟁이, 알자 항렬 있긴 했지만
알짜 악당 항렬과는 혈통이 다른 알자 항렬이어서

동굴일지 · 238

바다는 파도가 많아서 波多
물이란 물은 죄다 받아들이니까 받아
높이를 버리고 깊이로 사는 삶의 지혜를 바다에서 배운다

동굴일지 · 239

병에 걸려봐야 건강의 즐거움 안다기에
염병같은 비염앓이로 봄 넘겼더니, 웬걸 병중의 병이란 열병이
초여름 발병지대 삼아 창궐하고 있거니 이번엔 염병앓이 못 면해

동굴일지 · 240

몸으로 부르는 K-POP과 가슴으로 부르는 상송은 다르지
지금은 物神時代 정보다는 동, 육체적 관능적이라야 제 맛
돼지 목 따는 소리여도 몸만 잘 흔들면 되거든

동굴일지 · 241

도둑맞았던, 아니지 강도당했던 외규장각 의궤
주인에게 반환 아닌 대여라데, 그래서 그런가
벌이는 貸與 축제가 大輿 행차 같아서 쓰기가 소태 같은 잔치 뒷맛

동굴일지 · 242

白居易 선생, 위가 높으면 걱정이 많다고요?
부질없는 소견세려보단 낫고 등태산이소천하보단 낫소마는
그게 무슨 좋은 거라고 위위위 해싸니 그게 되레 걱정 아니것소

* 소견세려(消遣世慮) : 세상의 걱정으로 소일함을 뜻함.

* 등태산이소천하(登泰山而小天下) : 산에 오르니 내려다보는 세상이 작아 보인다는 뜻으로 높은 자리에 오르면 세상 사람들을 얕본다는 뜻으로 쓰이는 말.

동굴일지 · 243

강자는 힘으로 말하고, 약자는 눈물로 말한다
시인은 시로 말하고, 거지는 바가지로 말한다
카다피는 무엇으로 말할까? 뭐긴, 카다피니까 피로 말하지

동굴일지 · 244

모기 한 마리가 엥 사이렌을 울리며 선전 포고를 해 왔다
금새 밤의 울타리가 무너지고 꿈이 산산 조각 났다
문망주우양이란 옛분들말씀, 오늘을사는 우리 삶과 다르지 않았거니

* 문망주우양(蚊虻 走牛羊) : 모기나 등에가 소나 양을 쫓는다는 말로, 비록 작은 약자이나 큰 강자를 물리칠 수 있다는 뜻으로 쓰이는 말.

동굴일지 · 245

말복더위, 삼계탕 한 그릇에 인삼주 한잔은 인삼주가 아니지
덕을 아는 이만이 내밀 수 있는 인심주거든
인심주에 취해봐, 산삼주보다 주도 높은 덕불고 필유린 맛보지

* 덕불고 필유린(德不孤 必有隣) : 덕은 외롭지 아니하고 반드시 이웃이 있다는 논어에 나오는 말.

동굴일지 · 246

민심이반 따로 있나, 표 안 찍으면 그게 이반이지
찍어도 반대표 찍으면 그 또한 민심이반
당하면 죽은 목숨, 살고 싶으면 하늘처럼 알고 목 꺾어

동굴일지 · 247

무 · 유상 급식 놓고 여 · 야가 벌인 한판 승부, 결과는 야 승리
무 · 유에, 여 · 야에, 시민, 민심까지 겹치기 양극화, 이러다
양극 부딪치면 시민이반, 민심이반으로 대선판도 안 바뀔지?

동굴일지 · 248

싸게 싸게 서둘지 말고 천천히 여유를 가지라고?
옳고 좋은 말씀, 헌데 잰걸음 재촉해도 뒤쳐지는 세상에
여유 좇다 따라가지 못하면 낙오자 신세만 서럽거든

동굴일지 · 249

급식투표 25% 놓고 여야 계산법 구구하던데
정치 9단 구구법은 셈본 책과 다른가 봐, 허긴
구구 비둘기 울음도 배고파서, 님 그리워서 해석이 구구하거든

동굴일지 · 250

서울 주민투표 놓고 연일 여 · 야 자당 승리 운운
정작 시민들은 신성한 권리 한 표 행사했을 뿐인데 승리라니
행여 시민들을 정치 싸움판 총알받이로나 아는 건 아닌지

동굴일지 · 251

IT 강국 코리아, 우리보다 더 잘나간 나라 있으면 나와 봐
헌데, 어쩐다 IT 중독자가 200만명이 넘는다니
이러다 중독 못 벗어나면 아편보다 무서운 마약중독자 되는데

동굴일지 · 252

모두들 눈과 가슴, 이마와 가슴으로 맞는 가을 호시절을
더럽게 재수 없는 코로 맞는 체질의 비염
입추 지나자 재채기 콧물로 주접떨며 맞는 가을이라니

동굴일지 · 253

곰팡내에 머리가 아프다고? 그럼 동굴에서 향내 나냐
허나 잘 맡아봐, 동취로는 못 느낄 향그럼 느낀다고
문명에 길들여진 코로는 못맡는 향, 동취보다다야 안 낫냐

동굴일지 · 254

안철수 서울시장 출마, 초 메가톤급 위력으로 정치권 뒤흔들어
깨끗한 인물 원하는 걸 보면 국민생각 깨어 있긴 있는데
깨어 있다는 문단엔 뒤흔들 안철수도 박철수도 없어서

동굴일지 · 255

어슬렁어슬렁 기어 나와 마주한 관산, 인왕산이 이마에 와 닿는다
역지사지라 했던가, 내 이마가 인왕산 이마에 가 닿을 수도 있음이지
이마로 길을 내어 걷는 상달, 산신령님의 축지법도 그러하지 않았을까

동굴일지 · 256

안철수 충격에 정치권 경기 하던데

차기 대권에 성공하면 어떠할까? 어떠하긴 기절하지

제발 기절한채 일어나지 말아다오, 이러다 나라가 기절할 판이니

동굴일지 · 257

안 · 박 맞바람, 안풍 · 박풍 부딪히면 무슨 바람 될까?
돌풍 · 폭풍 · 광풍 안 될까? 틀렸어, 안 박풍되지
안 박풍이 뭐야? 뭐긴 박풍이 아니니까 안 박풍이지

동굴일지 · 258

야, 반갑다야 여, 반갑데이
헌데 왜 국회에만 들어가면
야, 이놈이, 여, 저놈으로 놈자 놀음판 되는지

동굴일지 · 259

OECD 국가 중 대학 이수율 코리아가 1위
1위와 함께 취업률도 1위였으면 얼마나 좋겠냐만
고급 인력 배출과는 달리 고급 백수양산 본산지가 대학 같아서

동굴일지 · 260

한국성범죄 계층별 조사 결과 공무원이 최다

하라는 일은 안하고 그 짓만 생각했나? 그 짓 생각하다

나라일이나 제대로 했겠나, 아편보다 끊기 어려운 것이 그짓인데

동굴일지 · 261

동취내 풍기는 곳엔 왕파리가 끓기 마련
푸른집 왕솔 바람 맑고 삽상한 줄 알았더니
웬 걸, 왕파리가 묻혀내는 동취내, 동굴 곰팡내는 꽃향기여

동굴일지 · 262

심심찮게 매스컴에 레임덕이란 말 뜨기 시작하던데
역대 나랏님들 예로 보면 늦은 감 없지 않아
문제는 멈출 줄 모르는 곤두박질, 그것 면한 성군 없었거든

동굴일지 · 263

군신대의란 말도, 군신제우란 말도, 주욕신사란 말도 다 옛말
어진 임금이 없음인가? 어진 신하가 없음인가?
묻지 마시게나, 한쪽만이 아닌 둘 다 없음이니 답이 없는 것을

* 군신대의(君臣大義) : 임금과 신하 간에 있어야할 마땅한 도리.
* 군신제우(君臣際遇) : 임금과 신하 간에 뜻이 잘 맞음.
* 주욕신사(主辱臣死) : 주군이 욕을 당하면 신하가 죽음으로써 보답함.

동굴일지 · 264

전기 잡아먹고 살찐 현대판 공룡 대형 고층 빌딩들
더위 먹고 앓는 신열 식히려다 되레 염병에 걸릴 뻔한 공룡들
원시 앞에 무릎 꿇는 캄캄한 문명의 꼬락서니라니

동굴일지 · 265

손을 다쳐 피를 흘렸다, 피를 보면 왜 무서운 것일까
피가 곧 생명이기 때문
헌데 피보다 더 무서운 것이 있지, 잉크에 타쓰는 물

동굴일지 · 266

전 미 대통령 클린턴, 전 IMF 총재 칸, 현 모여총리는 힘께나 쓴 인물
인물 값 하느라고 그러는지 그것도 명물인 모양
인물에 명물까지 갖췄으니 남아나는 아랫도리 힘 안 풀겠나

동굴일지 · 267

그 짓이 뭐 그리 좋은 거라고 세계 정상들도 그 짓 즐기데
클린턴 전미 대통령, 칸 IMF 전 총재에 현직 여 총리까지
허긴 최정상이건 최하 상것들이건 그것 즐기는 본성은 매한가지여서

동굴일지 · 268

따르릉 따르릉 핸드폰 벨소리, "문자 갔지요"
"에이, 순자를 보내주시지"
문자 보다 순자가 더 S라인이잖아요

동굴일지 · 269

지금 세계인들은 핵자만 입에 올려도 경기 일으켜
이웃 일본 봐, 원자로 운운하면 멀쩡했다가도 경기 해
차제에 MB 핵 운운이라니 쯧쯧, 고개 저으며 경기나 안 할지

동굴일지 · 270

동굴은 내 집이고, 탑이고, 예배당이고 성이고 왕국이다
나는 집주인이자 탑지기이고, 사제이고 성주이고 왕이다
왕의 손엔 물신의 악을 도려내는 날 세운 칼, 펜이 한 자루

동굴일지 · 271

신 새벽부터 우는 왕매미, 울음인지 노래인지는 알 것 없고
지닌 덕이 文·淸·廉·儉·信·樂 六德이란 건 알 것 있고
알면 뭘해, 六德은 커녕 肉德밖에 못 지닌 것이 만물의 영장인걸

동굴일지 · 272

OECD국가 중 불면증 코리언이 최고래
꼴찌였으면 싶은 게 또 최고라고? 어이쿠
탓하지 마시게나, 꿀 꿈도 없는데 잠은 자서 뭘 하겠소

동굴일지 · 273

비가 오고 있습니다, 언제 그칠지는 그쳐보아야 압니다
그게 무슨 일기예보냐구요? 뭘 모르셔
지금은 일기 예보가 아닌 일기 상황중계거든요

동굴일지 · 274

피서 안가세요? 더위 피하러 가는 피서 비 맞으러 갈일 있소
그런가요? 하도 시도 때도 없이 비가 와서
시도 때도 없이 오는 비 피해 없이 피했으면 그게 재난 피한 피서지

동굴일지 · 275

세상이 온통 눈꼴시려 뜬 눈도 감아버리고 싶은데
마음의 눈이라니요, 마음의 눈은 떠서 무슨 꼴을 보려구요
그늘에 齊女 노래하니 文·淸·廉·儉·信·樂, 그의 六德이나 벗하리

동굴일지 · 276

앞으로 비가 얼마나 더 오겠습니까? 글쎄요, 와봐야 알겠는데요
언제쯤 그치고요? 글쎄요, 멎어봐야 알겠는데요
염병할 愚問愚答이 아니라 비가 묻고 비가 답하는 雨問雨答이네

동굴일지 · 277

OECD국 중 행복지수 코리아가 최하위, 웃기지마 최고도 있어
불면증, 자살률, 복지투자, 독서부다 등등
최고 최하위가 얼굴 붉히는 부끄러운 것뿐이어서

동굴일지 · 278

세상 사람들이 점점 짐승스러워진다고?
숲에 사는 것이 짐승말고 또 있나, 빌딩도 숲이거든
하물며 동굴에 살면서 안 짐승스러우면 그게 되레 잘못된 게지

동굴일지 · 279

장마 겪은 지하 동굴 퀴퀴한 곰팡내 비웃지 말 것이
마른 볕에도 진동하는 젖은 동취보다야 낫지 않은가
퀴퀴는 양반, 퉤퉤퉤 동취 풍기는 것들이 상것들이지

동굴일지 · 280

손톱을 깎는다, 딱히 쓸 일도 없는데 잘 자란다
동굴 살이라 짐승을 닮아가는 것이나 아닐지
그보다는 마음속 털 난 욕망의 손톱도 날 세우고 있지 않은지

동굴일지 · 281

뒷동산에 올랐다가 만발한 병꽃나무 한 그루를 뽑아왔다
화분에 심었더니 사흘도 못가 꽃들이 시들어 떨어졌다
스스로 목숨 던져 낙화로 지킨 天爲 천석고황이 이러하구나

* 천석고황(泉石膏肓) : 세속에 물들지 않고 자연에 살고 싶어하는 마음의 고질.

동굴일지 · 282

부산저축은행, 캐면 캘수록 비리에 비리가 꼬리를 물어
일찍이 司馬光, 부정은 정의를 범하지 못한다고 했던데
범하고 싶어도 정의가 있어야 범하지, 옛분들은 뭘 몰라

동굴일지 · 283

독립문 로터리 푸른 신호등 켜져 있는대도 차들이 지나간다
교통 순경은 그늘에서 땀을 씻으며 울상이다
"왜 위반차량을 안 잡으시오"했더니 눈으로 하는말 "더위먹었나?

동굴일지 · 284

혼으로 살던 정신적 삶 최고로 여기던 시대는 옛말
지금은 몸으로 사는 물신시대
몸으로 즐기니 육신의 삶 아니던가, 육신이란 모독 삼가라

동굴일지 · 285

평창동계올림픽 유치 성공 놓고 끈기 덕이라고들 하던데
얼마만이야 없어진 줄 았았던 끈기란 말 들어본지가
그래, 오기 말고 끈기로 덕 삼으면 괜찮은 국민될텐데

동굴일지 · 286

OECD국가 중 통신비 지출 2위가 코리아

허긴 제마다 핸드폰 귀에다 뿔로 세우고 다니니 그럴밖에

문제는 뿔 달린 대화가 행여 짐승스럽지나 않을지

동굴일지 · 287

4대강 일자리 34만 개 창출 약속 뻥튀기였어
10분의 1인 3만개도 아닌 1백 분의 1인 고작 3천 개였데
허긴 정치란 게 본래 거짓말로 속이는 기술이어서

동굴일지 · 288

어린이는 천사다, 어머니 앞에서는 악마도 어린이가 된다
천사의 어머니도 되고 악마의 어머니도 되는 어머니
헌데 어쩌죠 물신시대의 어머니는 '어'자가 탈락, 머니가 됐으니

동굴일지 · 289

요즘같이 어지러운 세상에 마음의 기둥 흔들려봐
멀리 떨어져 나가 被投 신세 못 면해
동퇴서비 면하려면 기둥 바로 세우는 법부터 배워야 해

* 동퇴서비(東頹西圮): 이리저리 쓸리는 허술한 집이란 뜻

동굴일지 · 290

중국 고속철 참사 사고 두고 원시적이라고 비아냥쪼던데
문명적이어서 KTX는 연발 사고냐
남 허물 비아냥하기 전에 제 허물 볼 줄 알아야 하는 건데

동굴일지 · 291

서둘러 달리다 탈선하기보다야 다소 더뎌도 제대로 달려야지
중국 고속철이나 KTX 사고 봐; 빨리 빨리가 자초한 재앙이여
사람도 다르지 않느니 헛발질 없는 行步여야 正道 걷지

동굴일지 · 292

한반도 이열대화로 수시로 퍼붓는 빗줄기 세례 못 면해
OECD 국가 중 환경평가 최하위에 스트레스 최상위국이라니
오염된 산성비에 스트레스 겹치면 머리털 죄다 빠져 민머리 안될지

동굴일지 · 293

세상이 온통 非非非에 젖어 침몰 직전인데
그게 뭐 그리 좋은 거라고 雨雨 소리치며 비비비 해쌌냐
우비는 비를 막는 건데 雨非雨非 왕틀렸거든

동굴일지 · 294

물난리 피하려고 치수 사업 벌였더니
강 아닌 산사태로 되레 물이 강이 돼
얼마나 治水가 부러웠으면 산이 몸 던져 강으로 뛰어들었겠나

동굴일지 · 295

폭우로 무너진 산, 마을 또한 무너뜨려 아수라장
오직 탈 없는 곳은 강뿐이니 治水는 자랑할만한데
어쩐다, 무너진 治山 허물 면할 수 없으니

동굴일지 · 296

물난리 피하기 위해 치수에 전념했더니, 이번엔 산

무너진 산나미 피해 갈 곳은 그 어디?

강으론 울타리, 산으론 병풍 둘러쳐 갇혔으니 갈 곳 따로 없구나

동굴일지 · 297

굽어보고 또 굽어보다가 治水에 왕따 당한 治山 서러워

산나미 앞세우고 몸째로 뛰어내린 산따라

물도 보에 갇힌 강은 싫다며 서로 껴안고 물바다 새로 만들데

동굴일지 · 298

발가락 사이에 무좀인지 습진인지 짓물러 목초액을 바른다
딴엔 진데 피해 골라 딛는 행보였는데 발병이라니
그나마 가슴으로 걷는 행보엔 탈 없는지 되돌아 볼일이다

동굴일지 · 299

지하철 방호유리벽이 시로 도배를 했다
앞에서면 화끈 얼굴은 붉어지고 손톱은 빳빳이 날을 세운다
확 긁어버리고 싶은 심정 그것이 내 독후감이다

동굴일지 · 300

모 재벌회사 책을 납품했더니 영수증 선 제출
후 대금 지급이라는 상식과 먼 방식이었다
재벌보다 높은 곳의 방식은 어떤 것일지 며칠째 궁금했다

•

박진환 시인은 전남 해남 출신으로 동국대 국문학과를 거쳐 중앙대 대학원을 졸업(문학박사)했다. 1960년 동아일보 신춘문예(詩) · 1963년 自由文學(문학평론)으로 문단에 데뷔했고, 국제PEN한국본부 사무국장 및 이사, 한국문협 고문을 역임했다. 제9회 시문학상, 제3회 비평문학상, 펜문학상, 윤동주문학상 등을 수상했고, 한서대학교 교수 및 예술대학원장을 역임했으며 현재 월간『조선문학』발행인 겸 주간으로 있다. 중요 저서로는 시집에『귀로』,『사랑법』,『꽃시집』,『三行詩抄』Ⅰ~Ⅺ『諷詩調』,『박진환시전집Ⅰ·Ⅱ·Ⅲ·Ⅳ·Ⅴ』,『物神時代』Ⅰ·Ⅱ·Ⅲ·Ⅳ·Ⅴ,『동굴일지』Ⅰ·Ⅱ·Ⅲ 등 37권의 시집이 있고 평론집으로『한국현대시인론』,『현대시론』,『21C시학과 시법』등 다수와『한국시의 공간구조연구』,『21C 시학』,『시창작론』,『諷詩調詩學』외 다수의 역저가 있다.

•

조선문학시인선 319

諷詩調 · 19

동굴일지 · Ⅲ

2012년 6월 20일 인쇄
2012년 6월 30일 발행

지은이 / 빅진환
발행인 / 박진환
펴낸곳 / 조선문학사
등록번호 / 1-2733
주소 / 110-092 서울 서대문구 홍제2동 96-4
대표전화 / 730-2255
팩스 / 723-9373

ISBN 89-93614-92-3

정가 8,000원